Le racisme
expliqué à ma fille

Tahar Ben Jelloun

Le racisme expliqué à ma fille

Éditions du Seuil

à Mérièm

ISBN 2-02-033516-6

© ÉDITIONS DU SEUIL, JANVIER 1998

Introduction

C'est en allant manifester, le 22 février 1997, avec ma fille contre le projet de loi Debré sur l'entrée et le séjour des étrangers en France que j'ai eu l'idée d'écrire ce texte. Ma fille, dix ans, m'a posé beaucoup de questions. Elle voulait savoir pourquoi on manifestait, ce que signifiaient certains slogans, si cela servait à quelque chose de défiler dans la rue en protestant, etc.

C'est ainsi qu'on en est arrivés à parler du racisme. Me souvenant de ses interrogations et de ses réflexions, j'ai rédigé un texte. Dans un premier temps, nous l'avons lu ensemble. J'ai dû le réécrire presque entièrement. J'ai dû changer des mots compliqués et expliquer des notions difficiles. Une autre lecture eut lieu en présence de deux de ses amies. Leurs réactions furent très intéressantes. J'en ai tenu compte dans les versions que j'ai rédigées après.

Ce texte a été écrit pas moins de quinze fois. Besoin de clarté, de simplicité et d'objectivité. Je voudrais qu'il soit accessible à tous, même si je le destine en priorité aux enfants entre huit et quatorze ans. Leurs parents pourront le lire aussi.

Je suis parti du principe que la lutte contre le racisme commence avec l'éducation. On peut éduquer des enfants, pas des adultes. C'est pour cela que ce texte a été pensé et écrit dans un souci pédagogique.

Je voudrais remercier les amis qui ont eu la gentillesse de relire ce texte et de me faire part de leurs remarques. Merci aussi aux amies de Mérièm qui ont participé à l'élaboration des questions.

— Dis, Papa, c'est quoi le racisme ?

— Le racisme est un comportement assez répandu, commun à toutes les sociétés, devenu,
hélas !, banal dans certains pays parce qu'il arrive qu'on ne s'en rende pas compte. Il consiste
à se méfier, et même à mépriser, des personnes
ayant des caractéristiques physiques et cultu-
relles différentes des nôtres.

— Quand tu dis « commun », tu veux dire
normal ?

— Non. Ce n'est pas parce qu'un comportement est courant qu'il est normal. En général,
l'homme a tendance à se méfier de quelqu'un
de différent de lui, un étranger par exemple ;
c'est un comportement aussi ancien que l'être
humain ; il est universel. Cela touche tout le
monde.

– Si ça touche tout le monde, je pourrais être raciste !

– D'abord, la nature spontanée des enfants n'est pas raciste. Un enfant ne naît pas raciste. Si ses parents ou ses proches n'ont pas mis dans sa tête des idées racistes, il n'y a pas de raison pour qu'il le devienne. Si, par exemple, on te fait croire que ceux qui ont la peau blanche sont supérieurs à ceux dont la peau est noire, si tu prends au sérieux cette affirmation, tu pourrais avoir un comportement raciste à l'égard des Noirs.

– C'est quoi être supérieur ?

– C'est, par exemple, croire, du fait qu'on a la peau blanche, qu'on est plus intelligent que quelqu'un dont la peau est d'une autre couleur, noire ou jaune. Autrement dit, les traits physiques du corps humain, qui nous différencient les uns des autres, n'impliquent aucune inégalité.

– Tu crois que je pourrais devenir raciste ?

– Le devenir, c'est possible ; tout dépend de l'éducation que tu auras reçue. Il vaut mieux le savoir et s'empêcher de l'être, autrement dit accepter l'idée que tout enfant ou tout adulte est capable, un jour, d'avoir un sentiment et un comportement de rejet à l'égard de quelqu'un qui ne lui a rien fait mais qui est différent de lui. Cela arrive souvent. Chacun d'entre nous peut avoir, un jour, un mauvais geste, un mauvais sentiment. On est agacé par un être qui ne nous est pas familier, on pense qu'on est mieux que lui, on a un sentiment soit de supériorité soit d'infériorité par rapport à lui, on le rejette, on ne veut pas de lui comme voisin, encore moins comme ami, simplement parce qu'il s'agit de quelqu'un de différent.

– Différent ?

– La **différence**, c'est le contraire de la ressemblance, de ce qui est identique. La première différence manifeste est le sexe. Un homme se sent différent d'une femme. Et réciproquement. Quand il s'agit de cette différence-là, il y a, en général, attirance.

« Par ailleurs, celui qu'on appelle « différent » a une autre couleur de peau que nous, parle une autre langue, cuisine autrement que nous, a d'autres coutumes, une autre religion, d'autres façons de vivre, de faire la fête, etc. Il y a la différence qui se manifeste par les apparences physiques (la taille, la couleur de la peau, les traits du visage, etc.), et puis il y a la différence du comportement, des mentalités, des croyances, etc.

– Alors le raciste n'aime pas les langues, les cuisines, les couleurs qui ne sont pas les siennes ?

– Non, pas tout à fait ; un raciste peut aimer et apprendre d'autres langues parce qu'il en a besoin pour son travail ou ses loisirs, mais il peut porter un jugement négatif et injuste sur les peuples qui parlent ces langues. De même, il peut refuser de louer une chambre à un étudiant étranger, vietnamien par exemple, et aimer manger dans des restaurants asiatiques. Le raciste est celui qui pense que tout ce qui est trop différent de lui le menace dans sa tranquillité.

– C'est le raciste qui se sent menacé ?

– Oui, car il a peur de celui qui ne lui ressemble pas. Le raciste est quelqu'un qui souffre d'un complexe d'infériorité ou de supériorité. Cela revient au même puisque son comportement, dans un cas comme dans l'autre, sera du mépris.

– Il a peur ?

– L'être humain a besoin d'être rassuré. Il n'aime pas trop ce qui risque de le déranger dans ses certitudes. Il a tendance à se méfier de ce qui est nouveau. Souvent, on a peur de ce qu'on ne connaît pas. On a peur dans l'obscurité, parce qu'on ne voit pas ce qui pourrait nous arriver quand toutes les lumières sont éteintes. On se sent sans défense face à l'inconnu. On imagine des choses horribles. Sans raison. Ce n'est pas logique. Parfois, il n'y a rien qui justifie la peur, et pourtant on a peur. On a beau se raisonner, on réagit comme si une menace réelle existait. Le racisme n'est pas quelque chose de juste ou de raisonnable.

– Papa, si le raciste est un homme qui a peur, le chef du parti qui n'aime pas les étrangers doit avoir peur tout le temps. Pourtant, chaque fois qu'il apparaît à la télévision, c'est moi qui ai peur ! Il hurle, menace le journaliste et tape sur la table.

– Oui, mais ce chef dont tu parles est un homme politique connu pour son agressivité. Son racisme s'exprime de manière violente. Il communique aux gens mal informés des affirmations fausses pour qu'ils aient peur. Il exploite la peur, parfois réelle, des gens. Par exemple, il leur dit que les immigrés viennent en France pour prendre le travail des Français, toucher les allocations familiales et se faire soigner gratuitement dans les hôpitaux. Ce n'est pas vrai. Les immigrés font souvent les travaux que refusent les Français. Ils payent leurs impôts et cotisent pour la sécurité sociale ; ils ont droit aux soins quand ils tombent malades. Si demain, par malheur, on expulsait tous les immigrés de France, l'économie de ce pays s'écroulerait.

– Je comprends. Le raciste a peur sans raison.

– Il a peur de l'étranger, celui qu'il ne connaît pas, surtout si cet étranger est plus pauvre que lui. Il se méfiera plus d'un ouvrier africain que d'un milliardaire américain. Ou mieux encore, quand un émir d'Arabie vient passer des vacances sur la Côte d'Azur, il est accueilli à bras ouverts, parce que celui qu'on accueille, ce n'est pas l'Arabe, mais l'homme riche venu dépenser de l'argent.

– C'est quoi un **étranger** ?

– Le mot « étranger » vient du mot « étrange », qui signifie du dehors, extérieur. Il désigne celui qui n'est pas de la famille, qui n'appartient pas au clan ou à la tribu. C'est quelqu'un qui vient d'un autre pays, qu'il soit proche ou lointain, parfois d'une autre ville ou d'un autre village. Cela a donné le mot **« xénophobie »**, qui signifie hostile aux étrangers, à ce qui vient de l'étranger. Aujourd'hui, le mot « étrange » désigne quelque chose d'extraordinaire, de très différent de ce qu'on a l'habitude de voir. Il a comme synonyme le mot « bizarre ».

— Quand je vais chez ma copine, en Normandie, je suis une étrangère ?

— Pour les habitants du coin, oui, sans doute, puisque tu viens d'ailleurs, de Paris, et que tu es marocaine. Tu te souviens quand nous sommes allés au Sénégal ? Eh bien, nous étions des étrangers pour les Sénégalais.

— Mais les Sénégalais n'avaient pas peur de moi, ni moi d'eux !

— Oui, parce que ta maman et moi t'avions expliqué que tu ne devais pas avoir peur des étrangers, qu'ils soient riches ou pauvres, grands ou petits, blancs ou noirs. N'oublie pas ! On est toujours l'étranger de quelqu'un, c'est-à-dire qu'on est toujours perçu comme quelqu'un d'étrange par celui qui n'est pas de notre culture.

— Dis, Papa, je n'ai toujours pas compris pourquoi le racisme existe un peu partout.

— Dans les sociétés très anciennes, dites

primitives, l'homme avait un comportement proche de celui de l'animal. Un chat commence par marquer son territoire. Si un autre chat, ou un autre animal, tente de lui voler sa nourriture ou de s'en prendre à ses petits, le chat qui se sent chez lui se défend et protège les siens de toutes ses griffes. L'homme est ainsi. Il aime avoir sa maison, sa terre, ses biens et se bat pour les garder. Ce qui est normal. Le raciste, lui, pense que l'étranger, quel qu'il soit, va lui prendre ses biens. Alors il s'en méfie, sans même réfléchir, presque d'instinct. L'animal ne se bat que s'il est attaqué. Mais parfois l'homme attaque l'étranger sans même que celui-ci ait l'intention de lui ravir quoi que ce soit.

– Et tu trouves ça commun à toutes les sociétés ?

– Commun, assez répandu, oui, normal, non. Depuis longtemps, l'homme agit ainsi. Il y a la nature et puis la culture. Autrement dit, il y a le comportement instinctif, sans réflexion, sans raisonnement, puis il y a le comportement réfléchi, celui qu'on a acquis par l'éducation, l'école et le raisonnement. C'est ce qu'on appelle « culture », par opposition à « nature ». Avec la culture, on apprend à vivre ensemble ; on apprend surtout que nous ne sommes pas seuls au monde, qu'il existe d'autres peuples avec d'autres traditions, d'autres façons de vivre et qu'elles sont aussi valables que les nôtres.

– Si par culture tu veux dire éducation, le racisme peut aussi venir de ce qu'on apprend...

– On ne naît pas raciste, on le devient. Il y a une bonne et une mauvaise éducation. Tout dépend de celui qui éduque, que ce soit à l'école ou à la maison.

– Alors, l'animal, qui ne reçoit aucune éducation, est meilleur que l'homme !

– Disons que l'animal n'a pas de sentiments préétablis. L'homme, au contraire, a ce qu'on appelle des **préjugés**. Il juge les autres avant de les connaître. Il croit savoir d'avance ce qu'ils sont et ce qu'ils valent. Souvent, il se trompe. Sa peur vient de là. Et c'est pour combattre sa peur que l'homme est parfois amené à faire la guerre. Tu sais, quand je dis qu'il a peur, il ne faut pas croire qu'il tremble ; au contraire, sa peur provoque son agressivité ; il se sent menacé et il attaque. Le raciste est agressif.

– Alors c'est à cause du racisme qu'il y a des guerres ?

– Certaines, oui. A la base, il y a une volonté

de prendre le bien des autres. On utilise le racisme ou la religion pour pousser les gens à la haine, à se détester alors qu'ils ne se connaissent même pas. Il y a la peur de l'étranger, peur qu'il prenne ma maison, mon travail, ma femme. C'est l'ignorance qui alimente la peur. Je ne sais pas qui est cet étranger, et lui non plus ne sait pas qui je suis. Regarde par exemple nos voisins de l'immeuble. Ils se sont longtemps méfiés de nous, jusqu'au jour où nous les avons invités à manger un couscous. C'est à ce moment-là qu'ils se sont rendu compte que nous vivions comme eux. A leurs yeux, nous avons cessé de paraître dangereux, bien que nous soyons originaires d'un autre pays, le Maroc. En les invitant, nous avons chassé leur méfiance. Nous nous sommes parlé, nous nous sommes un peu mieux connus. Nous avons ri ensemble. Cela veut dire que nous étions à l'aise entre nous, alors qu'auparavant, quand nous nous rencontrions dans l'escalier, nous nous disions à peine bonjour.

– Donc, pour lutter contre le racisme, il faut s'inviter les uns les autres !

– C'est une bonne idée. Apprendre à se connaître, à se parler, à rire ensemble ; essayer de partager ses plaisirs, mais aussi ses peines, montrer que nous avons souvent les mêmes préoccupations, les mêmes problèmes, c'est cela qui pourrait faire reculer le racisme. Le voyage lui aussi peut être un bon moyen pour mieux connaître les autres. Déjà Montaigne (1533-1592) poussait ses compatriotes à voyager et à observer les différences. Pour lui, le voyage était le meilleur moyen de « frotter et limer notre cervelle contre celle d'autrui ». Connaître les autres pour mieux se connaître.

– Est-ce que le racisme a toujours existé ?

– Oui, depuis que l'homme existe, sous des formes différentes selon les époques. Déjà, à une époque très ancienne, l'époque de la préhistoire, celle qu'un romancier a appelée « la guerre du feu », les hommes s'attaquaient avec des armes rudimentaires, de simples gourdins, pour un territoire, une cabane, une femme, des provisions de nourriture, etc. Alors ils fortifiaient les frontières, aiguisaient leurs armes, de peur d'être envahis. L'homme est obsédé par sa sécurité, ce qui l'entraîne parfois à craindre le voisin, l'étranger.

– Le racisme, c'est la guerre ?

– Les guerres peuvent avoir des causes différentes, souvent économiques. Mais, en plus, certaines se font au nom de la supposée supériorité d'un groupe sur un autre. On peut dépasser cet aspect instinctif par le raisonnement et par l'éducation. Pour y arriver, il faut décider de ne plus avoir peur du voisin, de l'étranger.

– Alors, qu'est-ce qu'on peut faire ?

– Apprendre. S'éduquer. Réfléchir. Chercher à comprendre toute chose, se montrer curieux de tout ce qui touche à l'homme, contrôler ses premiers instincts, ses pulsions...

– C'est quoi une **pulsion** ?

– C'est l'action de pousser, de tendre vers un but de manière non réfléchie. Ce mot a donné « répulsion », qui est l'action concrète de repousser l'ennemi, de chasser quelqu'un vers l'extérieur. Répulsion veut dire aussi dégoût. Il exprime un sentiment très négatif.

– Le raciste, c'est celui qui pousse l'étranger dehors parce qu'il le dégoûte ?

– Oui, il le chasse même s'il n'est pas menacé, simplement parce qu'il ne lui plaît pas. Et, pour justifier cette action violente, il invente des arguments qui l'arrangent. Parfois, il fait appel à la science, mais la science n'a jamais justifié le racisme. Il lui fait dire n'importe quoi, parce qu'il pense que la science lui fournit des preuves solides et incontestables. Le racisme n'a aucune base scientifique, même si des hommes ont essayé de se servir de la science pour justifier leurs idées de **discrimination**.

– Que veut dire ce mot?

– C'est le fait de séparer un groupe social ou ethnique des autres en le traitant plus mal. C'est comme si, par exemple, dans une école, l'administration décidait de regrouper dans une classe tous les élèves noirs parce qu'elle considère que ces enfants sont moins intelligents que les autres. Heureusement, cette discrimination n'existe pas dans les écoles françaises. Elle a existé en Amérique et en Afrique du Sud. Quand on oblige une communauté, ethnique ou religieuse, à se rassembler pour vivre isolée du reste de la population, on crée ce qu'on appelle des **ghettos**.

– C'est une prison?

– Le mot « ghetto » est le nom d'une petite île en face de Venise, en Italie. En 1516, les Juifs de Venise furent envoyés dans cette île, séparés des autres communautés. Le ghetto est une forme de prison. En tout cas, c'est une discrimination.

– Quelles sont les preuves scientifiques du raciste ?

– Il n'y en a pas, mais le raciste croit ou fait croire que l'étranger appartient à une autre race, une race qu'il considère comme inférieure. Mais il a totalement tort, il existe une seule race et c'est tout, appelons-la le genre humain ou l'espèce humaine, par opposition à l'espèce animale. Chez les animaux, les différences sont grandes d'une espèce à l'autre. Il y a l'espèce canine et l'espèce bovine. Dans l'espèce canine, les différences sont si importantes (entre un berger allemand et un teckel) qu'il est possible de définir des races. C'est impossible pour l'espèce humaine, parce qu'un homme égale un homme.

– Mais, Papa, on dit bien que quelqu'un est de race blanche, un autre de race noire, ou jaune, on nous l'a souvent dit à l'école. L'institutrice nous a encore dit l'autre jour qu'Abdou, qui vient du Mali, était de race noire.

– Si ton institutrice a vraiment dit cela, elle se trompe. Je suis désolé de te dire ça, je sais que tu l'aimes bien, mais elle commet une erreur et je crois qu'elle ne le sait pas elle-même. Écoute-moi bien, ma fille : **les** races humaines n'existent pas. Il existe un genre humain dans lequel il y a des hommes et des femmes, des personnes de couleur, de grande taille ou de petite taille, avec des aptitudes différentes et variées. Et puis il y a plusieurs races animales. Le mot « race » ne doit pas être utilisé pour dire qu'il y a une diversité humaine. Le mot « race » n'a pas de base scientifique. Il a été utilisé pour exagérer les effets de différences apparentes, c'est-à-dire physiques. On n'a pas le droit de se baser sur les différences physiques – la couleur de la peau, la taille, les traits du visage – pour diviser l'humanité de manière hiérarchique, c'est-à-dire en considérant qu'il existe des hommes supérieurs par rapport à d'autres hommes qu'on mettrait dans une classe inférieure. Autrement dit, on n'a pas le droit de croire, et surtout de faire croire, que parce qu'on est blanc de peau on a des qualités supplémentaires par rapport à une personne de couleur. **Je te propose de ne plus utiliser le mot « race ».** Il a tellement été exploité par des gens malveillants qu'il vaut mieux le remplacer par les mots « genre humain ». Donc le genre humain est composé de groupes divers et différents. Mais tous les hommes et toutes les femmes de la planète ont du sang de la même couleur dans leurs veines, qu'ils aient la peau rose, blanche, noire, marron, jaune ou autre.

– Pourquoi les Africains ont la peau noire et les Européens la peau blanche ?

– L'aspect foncé de la peau est dû à un pigment appelé la **mélanine**. Ce pigment existe chez tous les êtres humains. Il est cependant fabriqué par l'organisme en plus grande quantité chez les Africains que chez les Européens ou les Asiatiques.

– Alors mon copain Abdou fabrique plus de…

– Mélanine, c'est comme un colorant.

– Donc il fabrique plus de mélanine que moi. Je sais aussi que nous avons tous du sang rouge, mais quand Maman avait besoin de sang, le médecin avait dit que ton groupe était différent.

– Oui, il existe plusieurs **groupes sanguins** : ils sont au nombre de quatre, A, B, O et AB. Le groupe O est donneur universel. Le groupe AB est receveur universel. Cela n'a rien à voir avec une question de supériorité ou d'infériorité. Les différences sont dans la culture (la langue, les coutumes, les rites, la cuisine, etc.). Souviens-toi, c'est Tam, l'amie vietnamienne de ta mère, qui lui a donné du sang, alors que ta maman est marocaine. Elles ont le même groupe sanguin. Et pourtant elles sont de cultures très différentes et n'ont pas la même couleur de peau.

– Donc si un jour mon copain malien, Abdou, a besoin de sang, je pourrai lui en donner ?

– Si vous appartenez au même groupe sanguin, oui.

– C'est quoi, un raciste ?

– Le raciste est celui qui, sous prétexte qu'il n'a pas la même couleur de peau, ni la même langue, ni la même façon de faire la fête, se croit meilleur, disons supérieur, que celui qui est différent de lui. Il persiste à croire qu'il existe plusieurs races et se dit : « Ma race est belle et noble ; les autres sont laides et bestiales. »

– Il n'y a pas de race meilleure ?

– Non. Des historiens, aux XVIIIe et XIXe siècles, ont essayé de démontrer qu'il existait une race blanche qui serait meilleure sur le plan physique et mental qu'une supposée race noire. À l'époque, on croyait que l'humanité était divisée en plusieurs races. Un historien (Ernest

Renan, 1823-1892) a même désigné les groupes humains appartenant à « la race inférieure » : les Noirs d'Afrique, les Aborigènes d'Australie et les Indiens d'Amérique. Pour lui, « le Noir serait à l'homme ce qu'est l'âne au cheval », c'est-à-dire « un homme à qui manqueraient l'intelligence et la beauté » ! Mais, comme dit un professeur en médecine spécialiste du sang, « les races pures, dans le règne animal, ne peuvent exister qu'à l'état expérimental, au laboratoire, avec des souris par exemple ». Il ajoute qu'« il existe plus de différences socioculturelles entre un Chinois, un Malien et un Français, que de différences génétiques ».

– C'est quoi les **différences sociocul-turelles** ?

– Les différences socioculturelles sont celles qui distinguent un groupe humain d'un autre, à travers la manière dont les hommes s'organisent en société (n'oublie pas, chaque groupe humain a ses traditions et ses coutumes) et ce qu'ils créent comme produits culturels (la musique africaine est différente de la musique européenne). La culture de l'un est différente de celle de l'autre groupe. Il en va de même pour ce qui concerne la manière de se marier, de faire la fête, etc.

– Et c'est quoi la **génétique** ?

– Le terme « génétique » désigne les gènes, c'est-à-dire des éléments responsables du facteur héréditaire dans notre organisme. Un gène est une unité héréditaire. Tu sais ce que c'est que l'**hérédité** ? C'est tout ce que les parents transmettent à leurs enfants : par exemple, les caractères physiques et psychiques. La ressemblance physique et certains traits de caractère des parents qu'on retrouve chez leurs enfants s'expliquent par l'hérédité.

– Alors nous sommes plus différents par notre éducation que par les gènes ?

– De toute façon, nous sommes tous différents les uns des autres. Simplement, certains d'entre nous ont des traits communs héréditaires. En général, ils se regroupent entre eux. Ils forment une population qui se distingue d'un autre groupe par sa façon de vivre. Il existe plusieurs groupes humains qui diffèrent entre eux par la couleur de la peau, par le système pileux, par les traits du visage et aussi par la culture. Quand ils se mélangent (par le mariage), cela donne des enfants qu'on appelle « métis ». En général, les métis sont beaux. C'est le mélange qui produit la beauté. Le métissage est un bon rempart contre le racisme.

– Si nous sommes tous différents, la ressemblance n'existe pas…

– Chaque être humain est unique. De par le monde, il n'existe pas deux êtres humains absolument identiques. Même de vrais jumeaux restent différents. La particularité de l'homme, c'est de porter une identité qui ne définit que lui-même. Il est singulier, c'est-à-dire irremplaçable. On peut certes remplacer un fonctionnaire par un autre, mais la reproduction exacte du même est impossible. Chacun d'entre nous peut se dire : « je ne suis pas comme les autres », et il aura raison. Dire : « je suis unique », cela ne veut pas dire « être le meilleur ». C'est simplement constater que chaque être humain est singulier. Autrement dit, chaque visage est un miracle, unique et inimitable.

– Moi aussi ?

– Absolument. Tu es unique, comme Abdou est unique, comme Céline est unique. Il n'existe pas sur terre deux empreintes digitales rigoureusement identiques. Chaque doigt a sa propre empreinte. C'est pour cela que, dans les films policiers, on commence par relever les empreintes laissées sur les objets pour identifier les personnes qui se trouvaient sur les lieux du crime.

– Mais, Papa, on a montré l'autre jour à la télévision une brebis qui a été fabriquée en deux exemplaires !

– Tu veux parler de ce qu'on appelle le **clonage**, le fait de reproduire une chose en autant d'exemplaires qu'on veut. Cela est possible avec les objets. Ils sont fabriqués par des machines qui reproduisent le même objet de manière identique. Mais on ne doit pas le faire avec les animaux et encore moins avec les humains.

– Tu as raison, je n'aimerais pas avoir deux Céline dans ma classe. Une seule suffit.

– Tu te rends compte, si on pouvait reproduire les humains comme on fait des photocopies, on contrôlerait le monde, on déciderait de multiplier certains ou d'en éliminer d'autres. C'est horrible.

– Ça me fait peur... Même ma meilleure amie, je n'aimerais pas l'avoir en double !

– Et puis, si on autorisait le clonage, des hommes dangereux pourraient s'en servir à leur profit, par exemple prendre le pouvoir et écraser les faibles. Heureusement, l'être humain est unique et ne se reproduit pas à l'identique. Parce que je ne suis pas identique à mon voisin ni à mon frère jumeau, parce que nous sommes tous différents les uns des autres, on peut dire et constater que « la richesse est dans la différence ».

– Si j'ai bien compris, le raciste a peur de l'étranger parce qu'il est ignorant, croit qu'il existe plusieurs races et considère la sienne comme la meilleure ?

– Oui, ma fille. Mais ce n'est pas tout. Tu as oublié la violence et la volonté de dominer les autres.

– Le raciste est quelqu'un qui se trompe.

– Les racistes sont convaincus que le groupe auquel ils appartiennent – qui peut être défini par la religion, le pays, la langue, ou tout ensemble – est supérieur au groupe d'en face.

– Comment font-ils pour se sentir supérieurs ?

– En croyant et en faisant croire qu'il existe des inégalités naturelles d'ordre physique, c'est-à-dire apparentes, ou d'ordre culturel, ce qui leur donne un sentiment de supériorité par rapport aux autres. Ainsi, certains se réfèrent à la religion pour justifier leur comportement ou leur sentiment. Il faut dire que chaque religion croit être la meilleure pour tous et a tendance à proclamer que ceux qui ne la suivent pas font fausse route.

– Tu dis que les religions sont racistes ?

– Non, ce ne sont pas les religions qui sont racistes, mais ce que les hommes en font parfois et qui se nourrit du racisme. En l'an 1095, le pape Urbain II lança, à partir de la ville de Clermont-Ferrand, une guerre contre les musulmans, considérés comme des infidèles. Des milliers de chrétiens partirent vers les pays d'Orient massacrer les Arabes et les Turcs. Cette guerre, faite au nom de Dieu, prit le nom de « croisades ». (La croix, symbole des chrétiens, contre le croissant, symbole des musulmans.)

« Entre le XIe et le XVe siècle, les chrétiens d'Espagne ont expulsé les musulmans puis les Juifs en invoquant des raisons religieuses.

« Ainsi, certains prennent appui sur les livres sacrés pour justifier leur tendance à se dire supérieurs aux autres. Les guerres de religion sont fréquentes.

– Mais tu m'as dit un jour que le Coran était contre le racisme.

– Oui, le Coran, comme la Thora ou la Bible ; tous les livres sacrés sont contre le racisme. Le

Coran dit que les hommes sont égaux devant Dieu et qu'ils sont différents par l'intensité de leur foi. Dans la Thora, il est écrit : « … si un étranger vient séjourner avec toi, ne le moleste point, il sera pour toi comme un de tes compatriotes… et tu l'aimeras comme toi-même. » La Bible insiste sur le respect du prochain, c'est-à-dire de l'autre être humain, qu'il soit ton voisin, ton frère ou un étranger. Dans le Nouveau Testament, il est dit : « Ce que je vous commande, c'est de vous aimer les uns les autres », et « Tu aimeras ton prochain comme toi-même ». Toutes les religions prêchent la paix entre les hommes.

– Et si on ne croit pas en Dieu ? Je dis ça parce que parfois je me demande si l'enfer, le paradis existent vraiment…

– Si on n'a pas la foi, on est mal vu, très mal vu, par les religieux ; pour les plus fanatiques d'entre eux, on devient même un ennemi.

– L'autre jour, à la télévision, quand il y a eu des attentats, un journaliste a accusé l'islam. C'était un journaliste raciste, d'après toi ?

– Non, il n'est pas raciste, il est ignorant et incompétent. Ce journaliste confond l'islam et la politique. Ce sont des hommes politiques qui utilisent l'islam dans leurs luttes. On les appelle des intégristes.

– Ce sont des racistes ?

– Les intégristes sont des fanatiques. Le fanatique est celui qui pense qu'il est le seul à détenir la Vérité. Souvent, le fanatisme et la religion vont ensemble. Les intégristes existent dans la plupart des religions. Ils se croient inspirés par l'esprit divin. Ils sont aveugles et passionnés et veulent imposer leurs convictions à tous les autres. Ils sont dangereux, car ils n'accordent pas de prix à la vie des autres. Au nom de leur Dieu, ils sont prêts à tuer et même à mourir ; beaucoup sont manipulés par un chef. Évidemment, ils sont racistes.

– C'est comme les gens qui votent pour Le Pen ?

– Le Pen dirige un parti politique basé sur le racisme, c'est-à-dire la haine de l'étranger, de l'immigré, la haine des musulmans, des Juifs, etc.

– C'est le parti de la haine !

– Oui. Mais tous ceux qui votent pour Le Pen ne sont peut-être pas racistes... Je me le demande... Sinon, il y aurait plus de quatre millions de racistes en France ! C'est beaucoup ! On les trompe ; ou bien ils ne veulent pas voir la réalité. En votant pour Le Pen, certains expriment un désarroi ; mais ils se trompent de moyen.

– Dis-moi, Papa, comment faire pour que les gens ne soient plus racistes ?

– Comme disait le général de Gaulle, « vaste programme » ! La haine est tellement plus facile à installer que l'amour. Il est plus facile de se méfier, de ne pas aimer que d'aimer quelqu'un qu'on ne connaît pas. Toujours cette tendance spontanée, la fameuse pulsion de tout à l'heure, qui s'exprime par le refus et le rejet.

– C'est quoi le **refus**, le **rejet** ?

– C'est le fait de fermer la porte et les fenêtres. Si l'étranger frappe à la porte, on ne lui ouvre pas. S'il insiste, on ouvre mais on ne lui permet pas de rester ; on lui signifie qu'il vaut mieux aller ailleurs, on le repousse.

– Et ça donne la haine ?

– Ça, c'est la méfiance naturelle que certaines personnes ont les unes pour les autres. La haine est un sentiment plus grave, plus profond, car il suppose son contraire, l'amour.

– Je ne comprends pas, de quel amour tu parles ?

– Celui que l'on a pour soi-même.

– Ça existe, des gens qui ne s'aiment pas eux-mêmes ?

– Quand on ne s'aime pas, on n'aime personne. C'est comme une maladie. C'est une misère. Très souvent, le raciste s'aime beaucoup. Il s'aime tellement qu'il n'a plus de place pour les autres. D'où son égoïsme.

– Alors, le raciste est quelqu'un qui n'aime personne et est égoïste. Il doit être malheureux. C'est l'enfer !

– Oui, le racisme, c'est l'enfer.

– L'autre jour, en parlant avec tonton, tu as dit : « L'enfer c'est les autres. » Qu'est-ce que ça veut dire ?

– Ça n'a rien à voir avec le racisme. C'est une expression qu'on utilise quand on est obligé de supporter des gens avec lesquels on n'a pas envie de vivre.

– C'est comme le racisme.

– Non, pas tout à fait, car il ne s'agit pas d'aimer tout le monde. Si quelqu'un, disons ton cousin turbulent, envahit ta chambre, déchire tes cahiers et t'empêche de jouer toute seule, tu n'es pas raciste parce que tu le mets hors de ta chambre. En revanche, si un camarade de classe, disons Abdou le Malien, vient dans ta chambre, se conduit bien et que tu le mets dehors pour la seule raison qu'il est noir alors, là, tu es raciste. Tu comprends ?

– D'accord, mais « l'enfer, c'est les autres », je n'ai pas bien compris.

– C'est une réplique tirée d'une pièce de Jean-Paul Sartre qui s'appelle *Huis clos*. Trois personnages se retrouvent dans une belle chambre après leur mort, et pour toujours. Ils devront vivre ensemble et n'ont aucun moyen d'en échapper. C'est ça l'enfer. D'où l'expression « l'enfer, c'est les autres ».

– Là, ce n'est pas du racisme. J'ai le droit de ne pas aimer tout le monde. Mais comment savoir quand ce n'est pas du racisme ?

– Un homme ne peut pas aimer absolument tout le monde, et s'il est obligé de vivre avec des gens qu'il n'a pas choisis, il pourra vivre l'enfer et leur trouver des défauts, ce qui le rapprochera du raciste. Pour justifier sa répulsion, le raciste invoque des caractéristiques physiques ; il dira : je ne peux plus supporter un tel parce qu'il a le nez busqué, ou parce qu'il a les cheveux crépus, ou les yeux bridés, etc. Voici ce que pense au fond de lui le raciste : « Peu m'importe de connaître les défauts et les qualités individuels d'une personne. Il me suffit de savoir qu'elle appartient à une communauté déterminée pour la rejeter. » Il s'appuie sur des traits physiques ou psychologiques pour justifier son rejet de la personne.

– Donne-moi des exemples.

– On dira que les Noirs sont « robustes mais paresseux, gourmands et malpropres » ; on dira que les Chinois sont « petits, égoïstes et cruels » ; on dira que les Arabes sont « fourbes, agressifs et traîtres », on dira « c'est du travail arabe » pour caractériser un travail bâclé ; on dira que les Turcs sont « forts et brutaux » ; on affublera les Juifs des pires défauts physiques et moraux pour tenter de justifier leurs persécutions... Les exemples abondent. Des Noirs diront que les Blancs ont une drôle d'odeur, des Asiatiques diront que les Noirs sont des sauvages, etc. Il faut chasser de ton vocabulaire ces expressions toutes faites, du genre « tête de Turc », « travail arabe », « rire jaune », « trimer comme un nègre », etc. Ce sont des sottises qu'il faut combattre.

– Comment les combattre ?

– D'abord, apprendre à respecter. Le respect est essentiel. D'ailleurs, les gens ne réclament pas qu'on les aime mais qu'on les respecte dans leur dignité d'être humain. Le respect, c'est avoir de l'égard et de la considération. C'est savoir écouter. L'étranger réclame non de l'amour et de l'amitié, mais du respect. L'amour et l'amitié peuvent naître après, quand on se connaît mieux et qu'on s'apprécie. Mais, au départ, il ne faut avoir aucun jugement décidé d'avance. Autrement dit, pas de préjugé. Or le racisme se développe grâce à des idées toutes faites sur les peuples et leur culture. Je te donne d'autres exemples de généralisations stupides : les Écossais sont avares, les Belges pas très malins, les Gitans voleurs, les Asiatiques sournois, etc. Toute généralisation est imbécile et source d'erreur. C'est pour ça qu'il ne faut jamais dire : « Les Arabes sont ceci ou cela » ; « Les Français sont comme ci ou comme ça… », etc. Le raciste est celui qui généralise à partir d'un cas particulier. S'il est volé par un Arabe, il en conclura que tous les Arabes sont des voleurs. Respecter autrui, c'est avoir le souci de la justice.

– Mais on peut raconter des histoires belges sans être raciste !

– Pour pouvoir se moquer des autres, il faut savoir rire de soi-même. Sinon, on n'a pas d'humour. L'humour est une force.

– C'est quoi l'humour, c'est le rire ?

– Avoir le sens de l'humour, c'est savoir plaisanter et ne pas se prendre au sérieux. C'est faire ressortir en toute chose l'aspect qui conduit à rire ou à sourire. Un poète a dit : « L'humour, c'est la politesse du désespoir. »

– Est-ce que les racistes ont le sens de l'humeur, je veux dire de l'humour ?

– C'est un bon lapsus ; avant on utilisait le mot « humeur » pour parler de l'humour. Non, les racistes n'ont pas le sens de l'humour ; quant à leur humeur, elle est souvent méchante. Ils ne savent rire que méchamment des autres, en montrant leurs défauts comme si eux-mêmes n'en avaient pas. Quand le raciste rit, c'est pour montrer sa prétendue supériorité ; en fait, ce qu'il montre, c'est son ignorance et son degré de bêtise, ou sa volonté de nuire. Pour désigner les autres, il utilisera des termes hideux, insultants. Par exemple, il appellera un Arabe « bougnoule », « raton », « bicot », « melon », un Italien « rital » ou « macaroni », un Juif « youpin », un Noir « nègre », etc.

– Quand on est bête, on est raciste ?

– Non, mais quand on est raciste on est bête.

– Donc, si je résume bien, le racisme vient de : 1) la peur, 2) l'ignorance, 3) la bêtise.

– Tu as raison. Il faut que tu saches aussi ceci : on peut posséder le savoir et l'utiliser pour justifier le racisme. L'intelligence peut être utilisée au service d'une mauvaise cause ; donc ce n'est pas aussi simple.

– Comment ?

– Parfois, des gens éduqués et cultivés, à la suite d'un malheur – le chômage par exemple –, rendent des étrangers responsables de leur situation. Au fond d'eux-mêmes, ils savent que les étrangers n'y sont pour rien, mais ils ont besoin de porter leur colère sur quelqu'un. C'est ce qu'on appelle un **bouc émissaire**.

– C'est quoi un bouc émissaire ?

– Il y a très longtemps, la communauté d'Israël choisissait un bouc qu'elle chargeait symboliquement de ses impuretés et le lâchait dans le désert. Quand on veut faire retomber ses erreurs sur quelqu'un, on choisit un bouc émissaire. En France, les racistes font croire que, s'il y a une crise économique, c'est dû aux étrangers. Ils les accusent de prendre le travail et le pain des Français. Ainsi, le parti appelé le Front national, qui est un parti raciste, a collé sur tous les murs de France des affiches où il était écrit : « 3 millions de chômeurs = 3 millions d'immigrés en trop ». Tu sais, un Français sur cinq est d'origine étrangère !

– Mais les immigrés sont eux aussi frappés par le chômage ! Le père de Souad, la cousine de Maman, n'a pas de travail depuis deux ans. Il cherche mais ne trouve pas. Quelquefois, quand il téléphone pour un boulot, c'est d'accord, puis quand il se présente on lui dit que c'est trop tard !

– Tu as raison. Mais les racistes sont des menteurs. Ils racontent n'importe quoi sans se soucier de la vérité. Ce qu'ils veulent, c'est frapper les imaginations avec des slogans. Des études économiques ont démontré que cette équation, « 3 millions de chômeurs = 3 millions d'immigrés en trop », est absolument fausse. Mais quelqu'un de malheureux parce qu'il est sans emploi est prêt à croire n'importe quelle sottise qui apaisera sa colère.

– Accuser des immigrés ne va pas lui donner du travail !

– Oui, évidemment, nous retrouvons la peur de l'étranger, celui qu'on charge des maux et des méfaits. C'est plus facile. Le raciste est quelqu'un qui pratique la mauvaise foi.

– La **mauvaise foi** ?

– Je te donne un exemple : un élève étranger

a de mauvaises notes à l'école. Au lieu de s'en prendre à lui-même parce qu'il n'a pas assez travaillé, il dira que s'il a de mauvaises notes, c'est parce que l'institutrice est raciste.

– C'est comme ma cousine Nadia. Elle a eu un avertissement et elle a dit à ses parents que les professeurs n'aimaient pas les Arabes ! Elle est gonflée, je sais que c'est une mauvaise élève.

– C'est ça la mauvaise foi !

– Mais Nadia n'est pas raciste…

– Elle utilise un argument bête pour dégager sa part de responsabilité, et cela ressemble à la méthode des racistes.

– Donc il faut ajouter à la peur, à l'ignorance et à la bêtise, la mauvaise foi.

– Oui. Si je t'explique aujourd'hui comment on devient raciste, c'est parce que le racisme prend parfois des dimensions tragiques. Alors ce n'est plus une simple question de méfiance ou de jalousie à l'égard des gens appartenant à un groupe donné. Dans le passé, on a vu tout un peuple soumis à la loi du racisme et de l'extermination.

– C'est quoi l'**extermination** ? Ça doit être horrible !

– C'est le fait de faire disparaître de manière radicale et définitive une communauté, un groupe.

– Comment ? On tue tout le monde ?

– C'est ce qui s'est passé durant la Seconde Guerre mondiale lorsque Hitler, le chef de l'Allemagne nazie, a décidé d'éliminer de la planète les Juifs et les Tsiganes (quant aux Arabes, Hitler les a traités de « dernière race après les crapauds » !). Il a réussi à brûler et à gazer cinq millions de Juifs. Cela s'appelle un génocide. A la base, il y a une théorie raciste qui dit : « Les Juifs étant considérés comme des gens appartenant à une "race impure", donc inférieure, ils n'ont pas droit à la vie ; il faut les exterminer, c'est-à-dire les éliminer jusqu'au dernier. » En Europe, les gouvernements qui avaient des Juifs parmi leur population devaient les dénoncer et les livrer aux nazis. Les Juifs devaient porter une étoile jaune sur la poitrine pour qu'on les reconnaisse. On a donné à ce racisme-là le nom d'**antisémitisme**.

– D'où vient ce mot ?

– Il vient du terme « sémite », qui désigne des groupes originaires d'Asie occidentale et parlant des langues proches, comme l'hébreu et l'arabe. C'est ainsi que les Juifs et les Arabes sont des sémites.

– Alors quand on est antisémite on est aussi anti-arabe ?

– En général, quand on parle de l'antisémitisme, on désigne le racisme anti-juif. C'est un racisme particulier, puisqu'il a été pensé froidement et planifié de sorte à tuer tous les Juifs. Pour répondre plus directement à ta question, je dirai que celui qui est anti-juif est aussi anti-arabe. De toute façon, le raciste est celui qui n'aime pas les autres, qu'ils soient juifs, arabes, noirs... Si Hitler avait gagné la guerre, il se serait attaqué à presque toute l'humanité, car la race pure n'existe pas. C'est un non-sens. C'est impossible. C'est pour cela qu'il faut être extrêmement vigilant.

– Est-ce qu'un Juif peut être raciste ?

– Un Juif pourrait être raciste, comme un Arabe pourrait être raciste, comme un Arménien pourrait être raciste, comme un Tsigane pourrait être raciste, comme un homme de couleur pourrait être raciste... Il n'existe pas de groupe humain qui ne comporte en son sein des individus susceptibles d'avoir des sentiments et des comportements racistes.

– Même quand on subit le racisme ?

– Le fait d'avoir souffert de l'injustice ne rend pas forcément juste. Il en est de même pour le racisme. Un homme qui a été victime de racisme pourrait, dans certains cas, céder à la tentation raciste.

– Explique-moi ce que c'est qu'un **génocide**.

– C'est la destruction systématique et méthodique d'un groupe ethnique. Quelqu'un de puissant et fou décide froidement de tuer par tous les moyens toutes les personnes appartenant à un groupe humain donné. En général, ce sont les **ethnies** minoritaires qui sont souvent visées par ce genre de décision.

– Encore un mot que je ne connais pas ; c'est quoi une ethnie ?

– C'est un groupe d'individus qui ont en commun une langue, des coutumes, des traditions, une civilisation, qu'il transmet de génération en génération. C'est un peuple qui se reconnaît dans une identité précise. Les individus qui le composent peuvent être éparpillés dans plusieurs pays.

– Donne-moi des exemples.

– Les Juifs, les Berbères, les Arméniens, les Tsiganes, les Chaldéens, ceux qui parlent l'araméen, la langue du Christ, etc.

– Quand on n'est pas nombreux, on risque un génocide ?

– L'Histoire montre que les minorités – ceux qui ne sont pas nombreux – ont souvent été persécutées. Pour ne prendre que ce siècle, dès 1915, les Arméniens, qui vivaient dans les provinces orientales de l'Anatolie, ont été pourchassés et massacrés par les Turcs (plus d'un million de morts sur une population totale de un million huit cent mille personnes). Ensuite, il y a eu les Juifs, massacrés en Russie et en Pologne (on appelle ces massacres des pogroms). Juste après, plus de cinq millions de Juifs ont été tués par les nazis en Europe, dans des camps de concentration. Dès 1933, les Allemands considérèrent les Juifs comme « une race négative », une « sous-race », comme ils ont déclaré les Tsiganes « racialement inférieurs » et les ont aussi massacrés (deux cent mille morts).

– Ça, c'était il y a longtemps. Et maintenant ?

– Les massacres de minorités se poursuivent. Récemment, en 1995, les Serbes, au nom de ce qu'ils ont appelé la « purification ethnique », ont massacré par milliers des Bosniaques musulmans.

« Au Rwanda, les Hutus ont massacré les

Tutsis (minoritaires, favorisés et opposés par les Européens aux Hutus). Ce sont deux ethnies qui se font la guerre depuis que les Belges ont colonisé la région des Grands Lacs de ce pays. Le colonialisme, dont nous reparlerons, a souvent divisé les populations pour régner. Ce siècle, ma fille, a été généreux en massacres et en douleur.

– Et au Maroc, il y a des Juifs ? Je sais qu'il y a des Berbères, puisque Maman est berbère.
– Au Maroc, les Juifs et les musulmans ont vécu presque onze siècles ensemble. Les Juifs avaient leurs quartiers, qu'on appelle *mellah*. Ils ne se mélangeaient pas avec les musulmans mais ne se disputaient pas avec eux. Entre eux, il y avait un peu de méfiance, mais aussi du respect. Le plus important, c'est que, lorsque les Juifs se faisaient massacrer en Europe, ils étaient protégés au Maroc. Au moment de l'occupation de la France par l'Allemagne, le roi du Maroc, Mohammed V, a refusé de les livrer au maréchal Pétain qui les lui réclamait pour les envoyer dans les camps de concentration des nazis, c'est-à-dire en enfer. Il les a protégés. Le roi a répondu à Pétain : « Ce sont mes

sujets, ce sont des citoyens marocains. Ici, ils sont chez eux, ils sont en sécurité. Je m'engage à les protéger. » Les Juifs marocains qui se sont éparpillés dans le monde l'aiment beaucoup. Aujourd'hui, il reste quelques milliers de Juifs au Maroc. Et ceux qui sont partis aiment y revenir. C'est le pays arabe et musulman qui compte le plus de Juifs sur son sol. Tu sais comment les Juifs marocains appellent Sefrou, une petite ville au sud de Fez ? Ils l'appellent la « petite Jérusalem ».

– Mais pourquoi sont-ils partis ?

– Quand le Maroc est devenu indépendant, en 1956, ils ont eu peur, ne sachant pas ce qui allait se passer. Des Juifs qui étaient déjà installés en Israël les incitaient à les rejoindre. Ensuite, les guerres de 1967 et de 1973 entre Israël et les pays arabes ont fini par les décider à quitter leur pays natal pour aller soit en Israël, soit en Europe ou en Amérique du Nord. Mais les Marocains musulmans regrettaient ces départs, parce que, pendant plus de deux mille ans, Juifs et musulmans ont vécu dans la paix. Il existe des chants et des poèmes qui ont été composés en arabe par des Juifs et des musulmans. C'est une preuve de la bonne entente entre les deux communautés.

– Alors les Marocains ne sont pas racistes !

– Cette affirmation n'a pas de sens. Il n'existe pas de peuple raciste ou non raciste dans sa globalité. Les Marocains sont comme tout le monde. Parmi eux, on rencontre des gens racistes et des gens non racistes.

– Aiment-ils les étrangers ?

– Ils sont connus pour leurs traditions d'hospitalité. Ils aiment accueillir les étrangers de passage, leur montrer le pays, leur faire goûter leur cuisine. De tout temps, les familles marocaines ont été hospitalières ; cela est aussi valable pour les autres Maghrébins, pour les Arabes du désert, les Bédouins, les nomades, etc. Mais certains Marocains ont un comportement condamnable, notamment avec les Noirs.

– Pourquoi les Noirs ?

– Parce que, dans les temps anciens, des commerçants marocains partaient faire des affaires en Afrique. Ils commerçaient avec le Sénégal, le Mali, le Soudan, la Guinée, et certains ramenaient avec eux des femmes noires. Les enfants qu'ils faisaient avec elles étaient souvent maltraités par l'épouse blanche et par ses enfants. Mon oncle avait deux femmes noires. J'ai des cousins noirs. Je me souviens qu'ils ne mangeaient pas avec nous. On a pris l'habitude d'appeler les Noirs *Abid* (esclaves).

« Bien avant les Marocains, des Européens blancs considéraient le Noir comme « un animal à part, comme le singe » (Buffon, 1707-1788). Cet homme pourtant très savant disait aussi : « Les Nègres sont inférieurs ; c'est normal, qu'ils soient soumis à l'esclavage. » L'esclavage a été aboli à peu près partout dans le monde. Mais il persiste sous des formes déguisées ici ou là.

– C'est comme dans ce film américain où le patron blanc fouette des Noirs…

– Les Noirs américains sont des descendants d'esclaves que les premiers immigrés installés en Amérique allaient chercher en Afrique. L'**esclavage** est le droit de propriété appliqué à un être humain. L'esclave est totalement privé de liberté. Il appartient corps et âme à celui qui l'a acheté. Le racisme contre les Noirs a été et continue d'être très virulent en Amérique. Les Noirs ont mené des luttes terribles pour obtenir des droits. Avant, dans certains États, les Noirs n'avaient pas le droit de nager dans la même piscine que les Blancs, pas le droit d'utiliser les mêmes toilettes que les Blancs, ni d'être enterrés dans le même cimetière que celui des Blancs, pas le droit de monter dans le même autobus ou de fréquenter les mêmes écoles que les Blancs. En 1957, à Little Rock, une petite ville du Sud des États-Unis, il a fallu l'intervention du président Eisenhower, de la police et de l'armée pour que neuf enfants noirs puissent entrer à la Central High School, une école pour Blancs... La lutte pour les droits des Noirs n'a pas cessé malgré l'assassinat, en 1968 à Atlanta, d'un des grands initiateurs de cette lutte, Martin Luther King. Aujourd'hui, les choses commencent à changer. C'est comme en Afrique du Sud où les Blancs et les Noirs vivaient séparés. C'est ce qu'on appelait l'**apartheid**. Les Noirs, plus nombreux, étaient discriminés par la minorité blanche qui dirigeait le pays.

« Il faut que je te dise aussi que les Noirs sont comme tout le monde, eux aussi ont des comportements racistes à l'égard des personnes différentes d'eux. Le fait qu'ils soient souvent victimes de discrimination raciale n'empêche pas certains d'entre eux d'être racistes.

– Tu as dit tout à l'heure que le colonialisme divisait les gens… C'est quoi le **colonialisme**, c'est aussi du racisme ?

– Au xixᵉ siècle, des pays européens comme la France, l'Angleterre, la Belgique, l'Italie, le Portugal ont occupé militairement des pays africains et asiatiques. Le colonialisme est une domination. Le colonialiste considère qu'il est de son devoir, en tant qu'homme blanc et civilisé, d'aller « apporter la civilisation à des races inférieures ». Il pense, par exemple, qu'un Africain, du fait qu'il est noir, a moins d'aptitudes intellectuelles qu'un Blanc, autrement dit qu'il est moins intelligent qu'un Blanc.

– Le colonialiste est raciste !

– Il est raciste et dominateur. Quand on est dominé par un autre pays, on n'est pas libre, on perd son indépendance. Ainsi l'Algérie, jusqu'en 1962, était considérée comme une partie de la France. Ses richesses ont été exploitées et ses habitants privés de liberté. Les Français ont débarqué en Algérie en 1830 et se sont emparés de tout le pays. Ceux qui ne voulaient pas de cette domination étaient pourchassés, arrêtés et même tués. Le colonialisme est un racisme à l'échelle de l'État.

– Comment un pays peut-il être raciste ?

– Pas tout un pays, mais si son gouvernement décide de façon arbitraire d'aller s'installer dans des territoires qui ne lui appartiennent pas et s'y maintient par la force, c'est qu'il méprise les habitants de ce territoire, considérant que leur culture ne vaut rien et qu'il faut leur apporter ce qu'il appelle la civilisation. Généralement, on développe un peu le pays. On construit quelques routes, quelques écoles et hôpitaux, parfois pour montrer qu'on n'est pas venu uniquement par intérêt, toujours pour mieux en profiter. En fait, le colonisateur développe ce qui va l'aider pour exploiter les ressources du pays. C'est ça, le colonialisme. Le plus souvent, c'est pour s'emparer de nouvelles richesses, augmenter son pouvoir, mais cela il ne le dit jamais. C'est une invasion, un vol, une violence, qui peut avoir des conséquences graves sur les gens. En Algérie, par exemple, il a fallu des années de lutte, de résistance et de guerre pour en finir avec le colonialisme.

– L'Algérie est libre...

– Oui, elle est indépendante depuis 1962 ; ce sont les Algériens qui décident ce qu'il faut pour leur pays...

– 1830-1962, ça fait beaucoup de temps, cent trente-deux ans !

– Comme a dit le poète algérien Jean Amrouche, en 1958 :

Aux Algériens on a tout pris
la patrie avec le nom
le langage avec les divines sentences
de sagesse qui règlent la marche de l'homme
depuis le berceau jusqu'à la tombe
la terre avec les blés
les sources avec les jardins
le pain de la bouche et le pain de l'âme
[...]
On a jeté les Algériens hors de toute
patrie humaine
on les a faits orphelins
on les a faits prisonniers
d'un présent sans mémoire et sans avenir

« C'est ça, le colonialisme. On envahit le pays, on déspossède les habitants, on met en prison ceux qui refusent cette invasion, on emmène les hommes valides travailler dans le pays colonisateur.

– C'est pour ça qu'il y a beaucoup d'Algériens en France ?

– Avant l'indépendance, l'Algérie était un département français. Le passeport algérien n'existait pas. Les Algériens étaient considérés comme des sujets de la France. Les chrétiens étaient français. Les Juifs le sont devenus à partir de 1870. Quant aux musulmans, ils étaient appelés « indigènes ». Ce terme, qui signifie « originaire d'un pays occupé par le colonisateur », est une des expressions du racisme de l'époque. Ainsi, « indigène » désignait les habitants classés en bas de l'échelle sociale. Indigène = inférieur. Quand l'armée française ou les industries avaient besoin d'hommes, on allait les chercher en Algérie. On ne demandait pas leur avis aux Algériens. Ils n'avaient pas le droit d'avoir un passeport. On leur délivrait un permis pour se déplacer. On leur donnait des ordres. S'ils refusaient de les suivre, ils étaient arrêtés et punis. Ce furent les premiers immigrés.

– Les immigrés étaient français avant ?

– Ce ne fut qu'à partir de 1958 que ceux qu'on faisait venir d'Algérie furent considérés comme des Français, mais pas ceux qu'on faisait venir du Maroc ou de Tunisie. D'autres venaient d'eux-mêmes, comme les Portugais, les Espagnols, les Italiens, les Polonais…

– La France, c'est comme l'Amérique !

– Pas tout à fait. Tous les Américains, excepté les Indiens, qui sont les premiers habitants de ce continent, sont d'anciens immigrés. Les Indiens ont été massacrés par les Espagnols puis par les Américains blancs. Lorsque Christophe Colomb découvrit le Nouveau Monde, il rencontra des Indiens. Il fut tout étonné de constater qu'ils étaient des êtres humains, comme les Européens. Parce que, à l'époque, au XVe siècle, on se demandait si les Indiens avaient une âme. On les imaginait plus proches des animaux que des humains !

« L'Amérique est composée de plusieurs ethnies, de plusieurs groupes de population venus du monde entier, alors que la France n'est devenue une terre d'immigration que vers la fin du XIXe siècle.

– Mais, avant l'arrivée des immigrés, est-ce qu'il y avait du racisme en France ?

– Le racisme existe partout où vivent les hommes. Il n'y a pas un seul pays qui puisse prétendre qu'il n'y a pas de racisme chez lui. Le racisme fait partie de l'histoire des hommes. C'est comme une maladie. Il vaut mieux le savoir et apprendre à le rejeter, à le refuser. Il faut se contrôler et se dire « si j'ai peur de l'étranger, lui aussi aura peur de moi ». On est toujours l'étranger de quelqu'un. Apprendre à vivre ensemble, c'est cela lutter contre le racisme.

– Moi, je ne veux pas apprendre à vivre avec Céline, qui est méchante, voleuse et menteuse…

– Tu exagères, c'est trop pour une seule gamine de ton âge !

– Elle a été méchante avec Abdou. Elle ne veut pas s'asseoir à côté de lui en classe, et elle dit des choses désagréables sur les Noirs.

– Les parents de Céline ont oublié de faire son éducation. Peut-être qu'eux-mêmes ne sont pas bien éduqués. Mais il ne faut pas se conduire avec elle comme elle se conduit avec Abdou. Il faut lui parler, lui expliquer pourquoi elle a tort.

– Seule, je n'y arriverai pas.

– Demande à ta maîtresse de discuter de ce problème en classe. Tu sais, ma fille, c'est surtout auprès d'un enfant qu'on peut intervenir pour corriger son comportement. Auprès des grandes personnes, c'est plus difficile.

– Pourquoi, Papa ?

– Parce qu'un enfant ne naît pas avec le racisme dans la tête. Le plus souvent, un enfant répète ce que disent ses parents, proches ou lointains. Tout naturellement, un enfant joue avec d'autres enfants. Il ne se pose pas la question de savoir si tel enfant de couleur différente est inférieur ou supérieur à lui. Pour lui, c'est avant tout un camarade de jeu. Ils peuvent s'entendre ou se disputer. C'est normal. Cela n'a rien à voir avec la couleur de peau. En revanche, si ses parents le mettent en garde contre les enfants de couleur, alors peut-être qu'il se comportera autrement.

– Mais, Papa, tu n'as pas cessé de dire que le racisme c'est commun, répandu, que cela fait partie des défauts de l'homme !

– Oui, mais on doit inculquer à un enfant des idées saines, pour qu'il ne se laisse pas aller à ses instincts. On peut aussi lui inculquer des idées fausses et malsaines. Cela dépend beaucoup de l'éducation et de la mentalité des parents. Un enfant devrait corriger ses parents quand ils émettent des jugements racistes. Il ne faut pas hésiter à intervenir ni se laisser intimider parce que ce sont des grandes personnes.

– Ça veut dire quoi ? On peut sauver un enfant du racisme, pas un adulte…

– Plus facilement, oui. Il y a une loi qui gouverne les êtres à partir du moment où ils ont grandi : ne pas changer ! Un philosophe l'a dit, il y a très longtemps : « Tout être tend à persévérer dans son être. » Son nom est Spinoza. Plus vulgairement, on dira : « On ne change pas les rayures d'un zèbre. » Autrement dit, quand on est fait, on est fait. En revanche, un enfant est encore disponible, encore ouvert pour apprendre et se former. Un adulte qui croit à « l'inégalité des races » est difficile à convaincre. Les enfants, au contraire, peuvent changer. L'école est faite pour cela, pour leur apprendre que les hommes naissent et demeurent égaux en droit et différents, pour leur enseigner que la diversité humaine est une richesse, pas un handicap.

– Est-ce que les racistes peuvent guérir ?

– Tu considères que le racisme est une maladie !

– Oui, parce que ce n'est pas normal de mépriser quelqu'un parce qu'il a une autre couleur de peau…

– La guérison dépend d'eux. S'ils sont capables de se remettre en question ou pas.

– Comment on se remet en question ?

– On se pose des questions, on doute, on se dit « peut-être que j'ai tort de penser comme je pense », on fait un effort de réflexion pour changer sa façon de raisonner et de se comporter.

– Mais tu m'as dit que les gens ne changent pas.

– Oui, mais on peut prendre conscience de ses erreurs et accepter de les surmonter. Cela ne veut pas dire qu'on change vraiment et entièrement. On s'adapte. Parfois, quand on est soi-même victime d'un rejet raciste, on se rend compte à quel point le racisme est injuste et inacceptable. Il suffit d'accepter de voyager, d'aller à la découverte des autres pour s'en rendre compte. Comme on dit, les voyages forment la jeunesse. Voyager, c'est aimer découvrir et apprendre, c'est se rendre compte à quel point les cultures diffèrent et sont toutes belles et riches. Il n'existe pas de culture supérieure à une autre culture.

– Donc il y a un espoir…

– Il faut combattre le racisme parce que le raciste est à la fois un danger et une victime.

– Comment peut-on être les deux à la fois ?

– C'est un danger pour les autres et une victime de lui-même. Il est dans l'erreur et il ne le sait pas, ou ne veut pas le savoir. Il faut du courage pour reconnaître ses erreurs. Le raciste n'a pas ce courage-là. Il n'est pas facile de reconnaître qu'on s'est trompé, de se critiquer soi-même.

– Ce que tu dis n'est pas très clair !

– Tu as raison. Il faut être clair. Il est facile de dire « tu as tort et j'ai raison ». Il est difficile de dire « c'est toi qui as raison et c'est moi qui ai tort ».

– Je me demande si le raciste sait qu'il a tort.

– En fait, il pourrait le savoir s'il voulait s'en donner la peine, et s'il avait le courage de se poser toutes les questions.

– Lesquelles ?

– Suis-je vraiment supérieur à d'autres ? Est-il vrai que j'appartiens à un groupe supérieur aux autres ? Y a-t-il des groupes inférieurs au mien ? A supposer qu'il existe des groupes inférieurs, au nom de quoi les combattrais-je ? Est-ce qu'une différence physique implique une différence dans l'aptitude au savoir ? Autrement dit, est-ce qu'on est plus intelligent parce qu'on a la peau blanche ?

– Les gens faibles, les malades, les vieillards, les enfants, les handicapés, tous ceux-là sont-ils inférieurs ?

– Ils le sont aux yeux des lâches.

– Les racistes savent-ils qu'ils sont des lâches ?

– Non, parce qu'il faut déjà du courage pour reconnaître sa lâcheté…

– Papa, tu tournes en rond.

– Oui, mais je veux te montrer de quelle façon le raciste est prisonnier de ses contradictions et ne veut pas s'en évader.

– C'est un malade, alors !

– Oui, en quelque sorte. Quand on s'évade, on va vers la liberté. Le raciste n'aime pas la liberté. Il en a peur. Comme il a peur de la différence. La seule liberté qu'il aime, c'est la sienne, celle qui lui permet de faire n'importe quoi, de juger les autres et d'oser les mépriser du seul fait qu'ils sont différents.

– Papa, je vais dire un gros mot : le raciste est un salaud.

– Le mot est faible, ma fille, mais il est assez juste.

Conclusion

La lutte contre le racisme doit être un réflexe quotidien. Notre vigilance ne doit jamais baisser. Il faut commencer par donner l'exemple et faire attention aux mots qu'on utilise. Les mots sont dangereux. Certains sont employés pour blesser et humilier, pour nourrir la méfiance et même la haine. D'autres sont détournés de leur sens profond et alimentent des intentions de hiérarchie et de discrimination. D'autres sont beaux et heureux. Il faut renoncer aux idées toutes faites, à certains dictons et proverbes qui vont dans le sens de la généralisation et par conséquent du racisme. Il faudra arriver à éliminer de ton vocabulaire des expressions porteuses d'idées fausses et pernicieuses. La lutte contre le racisme commence avec le travail sur le langage. Cette lutte nécessite par ailleurs de la volonté, de la persévérance et de l'imagination. Il ne suffit plus de s'indigner face à un discours ou un comportement raciste. Il faut aussi agir, ne pas laisser passer une dérive à caractère raciste. Ne jamais se dire : « Ce n'est pas grave ! » Si on laisse faire et dire, on permet au racisme de prospérer et de se développer même chez des personnes qui auraient pu éviter de sombrer dans ce fléau. En ne réagissant pas, en n'agissant pas, on rend le racisme banal et arrogant. Sache que des lois existent. Elles punissent l'incitation à la haine raciale. Sache aussi que des associations et des mouvements qui luttent contre toutes les formes de racisme existent et font un travail formidable.

A la rentrée des classes regarde tous les élèves et remarque qu'ils sont tous différents, que cette diversité est une belle chose. C'est une chance pour l'humanité. Ces élèves viennent d'horizons divers, ils sont capables de t'apporter des choses que tu n'as pas, comme toi tu peux leur apporter quelque chose qu'ils ne connaissent pas. Le mélange est un enrichissement mutuel.

Sache enfin que chaque visage est un miracle. Il est unique. Tu ne rencontreras jamais deux visages absolument identiques. Qu'importe la beauté ou la laideur. Ce sont des choses relatives. Chaque visage est le symbole de la vie. Toute vie mérite le respect. Personne n'a le droit d'humilier une autre personne. Chacun a droit à sa dignité. En respectant un être, on rend hommage, à travers lui, à la vie dans tout ce qu'elle a de beau, de merveilleux, de différent et d'inattendu. On témoigne du respect pour soi-même en traitant les autres dignement.

Juin-octobre 1997

8 9,9.5

RÉALISATION : PAO ÉDITIONS DU SEUIL
IMPRESSION : NORMANDIE ROTO IMPRESSION S. A.
À LONRAI (61250)
DÉPÔT LÉGAL : JANVIER 1998. N° 33516 (97-2563)